Betriebliches Gesundheitsmanagement in der öffentlichen Verwaltung. Erstellung eines Interventionskonzeptes für eine Stadtverwaltung

Lina Mätzschker (geb. Bongert)

Bibliografische Information der Deutschen Nationalbibliothek:

Die Deutsche Nationalbibliothek verzeichnet diese Publikation in der Deutschen Nationalbibliografie; detaillierte bibliografische Daten sind im Internet über http://dnb.d-nb.de abrufbar.

ISBN: 9783346662989
Dieses Buch ist auch als E-Book erhältlich.

Druck und Bindung: Books on Demand GmbH, Norderstedt Germany
Gedruckt auf säurefreiem Papier aus verantwortungsvollen Quellen

Das vorliegende Werk wurde sorgfältig erarbeitet. Dennoch übernehmen Autoren und Verlag für die Richtigkeit von Angaben, Hinweisen, Links und Ratschlägen sowie eventuelle Druckfehler keine Haftung.

Das Buch bei GRIN: https://www.grin.com/document/1195891

Deutsche Hochschule für
Prävention und Gesundheitsmanagement
Hermann-Neuberger-Sportschule

Hausarbeit

Name, Vorname	Mätzschker, Lina
Studiengang	M. A. Prävention und Gesundheitsmanagement
Studienmodul	Betriebliches Gesundheitsmanagement II
Datum Präsenzphase (siehe Ergebnisdokumentation)	14.02 – 16.02.2022
Aufgabe	Erstellung eines Interventionskonzeptes für das Unternehmen Stadtverwaltung Wubberberg

Inhaltsverzeichnis

Aus Gründen der besseren Lesbarkeit wird auf die Nennung einzelner Geschlechter (z. B. Mitarbeiter:innen) verzichtet. Grundsätzlich sind alle Geschlechtsidentitäten mit eingeschlossen.

Zusammenfassung Analyse als Fazit

In diesem Kapitel wird zunächst auf eine kurze Unternehmensbeschreibung der Stadtverwaltung Wubberberg eingegangen. Anschließend erfolgt eine genauere Betrachtung der Kennzahlen HR und Sicherheit sowie der Ergebnisse der Gefährdungsbeurteilung und Mitarbeiterbefragung.

AH 1 Teilaufgabe 1

Unternehmensbeschreibung:

- Die Stadtverwaltung Wubberberg gehört zur Branche der öffentlichen Verwaltung und gliedert sich in eine Kernverwaltung mit 3.601 Beschäftigten und in 4 Eigenbetriebe mit insgesamt 1.327 Beschäftigten. Die gesamte Verwaltung unterteilt sich in 6 Dezernate. In den Dezernaten 1 und 2 werden durch zunehmende Aufgabenbereiche stärker psychische Belastungen wahrgenommen. Zusätzlich liegt in beiden genannten Dezernaten eine Überalterung vor (Dezernat 1 ø 51 Jahre, Dezernat 2 ø 48 Jahre). Beide genannten Punkte spiegeln sich in den Dezernaten 1 und 2 in hohen Krankenständen und BEM-Fällen wider. Hinzu kommt der Fachkräftemangel, welcher vor allem in Dezernat 4 zu spüren ist, und die Sanierung des Hauptgebäudes. Durch marode Gebäudebereiche sind die Dezernate 2 und 3 in Ersatzgebäude verlegt worden, in denen die Beschäftigten jedoch über unzureichende Arbeitsbedingungen klagen. Gleichzeitig strebt die Stadtverwaltung mit der Sanierung des Hauptgebäudes auch die Entstehung neuer Möglichkeiten zu einer „digitalen Verwaltung" an. Viele Mitarbeiter haben aufgrund der Entwicklungen bereits dem Personalrat gegenüber geäußert, dass sie Angst um ihren Job haben.

Fazit Kennzahlen HR und Sicherheit:

- Der Krankenstand insgesamt lag im vergangenen Jahr bei 9,7 %. Dieser unterteilt sich in Krankenstand bezahlt (6,3 %) und Krankenstand unbezahlt (3,4 %). Vor allem in den Dezernaten 1 und 2 war der Krankenstand höher als in den anderen Dezernaten (Dezernat 1: 11,8 %; Dezernat 2: 14,1 %). Insgesamt liegt der Krankenstand bei der Stadtverwaltung Wubberberg über dem Branchendurchschnitt (2019: 6,6 %) (WIdO & Axel Springer, 2020; zitiert nach Statista, 2022). Im Vergleich zum Vorjahr kann festgehalten werden, dass der Krankenstand um 0,3 % gestiegen ist (Vorjahr: 9,4 %). Ein Vergleich zu bezahltem und unbezahltem Krankenstand des vorletzten Jahres ist nicht möglich, da diese Kennzahlen nicht dargestellt wurden. Des Weiteren gab es im letzten Jahr 365 BEM-Fälle und damit 24 Fälle mehr als zum Vorjahr (341 Fälle).
- Weiterhin kamen auf 1000 Vollarbeiter 13,7 meldepflichtige Unfälle. 2020 wurden durchschnittlich 18,45 gemeldete Arbeitsunfälle in Deutschland verzeichnet (Deutsche Gesetzliche Unfallversicherung [DGUV], 2021; zitiert nach Statista, 2022). Somit liegt die Stadtverwaltung Wubberberg unter dem deutschen Durchschnitt. Es muss jedoch hinzugefügt werden, dass keine Unterteilung nach Wirtschaftszweigen stattgefunden hat und sich das Ergebnis somit nicht auf jede Branche übertragen lässt. Weiterhin gilt festzuhalten, dass die Anzahl gemeldeter Arbeitsunfälle von 2018 bis 2020 immer weiter gesunken sind (DGUV, 2021; zitiert nach Statista 2022). Im Gegensatz dazu ist bei der Stadtverwaltung Wubberberg im Vergleich zum Vorjahr die Anzahl der meldepflichtigen Unfälle von 10,5 auf 13,7 je 1000 Vollarbeiter angestiegen.
- Die Fluktuation liegt bei 3,1 % und ist damit im Branchenvergleich sehr niedrig (Branche: 14,3 %) (Bundesagentur für Arbeit, 2020; zitiert nach Statista, 2022).

BGM II - Methodenkompetenzen im BGM

Abb. 1: Unternehmensbeschreibung und Fazit Kennzahlen (eigene Darstellung)

1

AH 1 Teilaufgabe 1

Fazit Mitarbeiterbefragung:

- Insgesamt bewerten 31 % der Belegschaft ihren Gesundheitszustand als zufriedenstellend. 29 % beurteilen ihren Gesundheitszustand positiv (19 % gut, 10 % sehr gut), 38 % empfinden ihren Gesundheitszustand als negativ (28 % weniger gut, 10 % schlecht). In Bezug auf die Arbeitszufriedenheit geben 35 % an, zufrieden zu sein (4 % außerordentlich zufrieden, 10 % sehr zufrieden, 21 % ziemlich zufrieden). 28 % bewerten die Arbeitszufriedenheit mit teils-teils. 37 % der Beschäftigten sind unzufrieden (24 % ziemlich unzufrieden, 9 % sehr unzufrieden, 4 % außerordentlich unzufrieden). Besonders auffällig sind die Dezernate 1 und 2, in denen die höchste Unzufriedenheit herrscht. In Dezernat 4 liegt die höchste Zufriedenheit vor. Der Work Ability Index (WAI) wurde in den 1980er Jahren entwickelt und ist heutzutage das meist eingesetzte Messinstrument zur Erfassung der Arbeitsfähigkeit (Roelen et al., 2014, S. 748). Für die Stadtverwaltung Wubberberg wurde ein WAI von 31 Punkten erreicht. Demnach wird die Arbeitsfähigkeit als mäßig eingestuft und das Ziel von Maßnahmen sollte die Verbesserung der Arbeitsfähigkeit darstellen.

- Als primäre Belastungen werden zu große Arbeitsmengen / Aufgaben, ständiges Sitzen und Lärm angegeben. Diese drei Belastungen hatten bei der Aussage „Ich fühle mich belastet durch folgende Bedingungen am Arbeitsplatz" einen Wert über 3 erreicht (1 = überhaupt nicht, 4 = stark). Insgesamt kann festgehalten werden, dass die Großteil der Bedingungen eher als „stark belastend" anstatt als „überhaupt nicht belastend" wahrgenommen wird.

- Die soziale Unterstützung wird in Bezug auf die Vorgesetzten insgesamt mit 2,7 (1 = sehr wenig, 4 = sehr viel) und bezüglich der Kollegen mit 3,1 bewertet. Besonders auffällig sind die Dezernate 1 und 2, bei denen sowohl von den Vorgesetzten (Dezernat 1: 2,2; Dezernat 2: 2,1) als auch von den Kollegen (Dezernat 1: 2,9; Dezernat 2: 3,0) die geringste soziale Unterstützung wahrgenommen wird. Lediglich in Dezernat 4 liegt eine gute soziale Unterstützung durch die Vorgesetzten und Kollegen vor.

Fazit Gefährdungsbeurteilung:

- Das Verfahren nach Nohl dient zu einer prospektiven Ermittlung und Bewertungen von Gefährdungen innerhalb von Arbeitstätigkeiten (Nohl, 1989, S. 3). Dabei wird in drei Abstufungen unterschieden: Die Maßzahlen 1 bis 2 stellen ein geringes Risiko dar und es muss keine Intervention erfolgen, da das Risiko akzeptabel ist. Bei den Maßzahlen 3 bis 4 liegt ein signifikantes Risiko vor, welches die Notwendigkeit einer Reduzierung nach sich zieht. Die Maßzahlen 5 bis 7 deuten auf ein hohes Risiko hin, welches es dringend zu reduzieren gilt. Insgesamt ergab die Arbeitsplatzanalyse der Stadtverwaltung Wubberberg einen Nohl-Wert von 2,6. Damit liegt ein signifikantes Risiko und die Notwendigkeit zur Reduzierung des Risikos vor. In keinem der Dezernate hat die Arbeitsplatzanalyse ein hohes Risiko ergeben. In den Dezernaten 4 und 5 zeigt die Arbeitsplatzanalyse nur ein geringes Risiko. Der Nohl-Wert für das Dezernat 1 liegt mit 2,4 genau an der Grenze zum signifikanten Risiko. Handlungsbedarf besteht vor allem in den Dezernaten 2 und 3, welche ein signifikantes Risiko aufweisen.

- Besonders die Beleuchtung wird in 4 von 5 analysierten Dezernaten als Herausforderung angegeben. An zweiter Stelle ist sowohl der Lärm als auch die zum Teil fehlenden Einstellungsmöglichkeiten der Tische genannt. In den Dezernaten 2 und 3 wird zudem die Zugluft und das Arbeiten in Zwangshaltung als Belastung angesehen.

BGM II – Methodenkompetenzen im BGM

Abb. 2: Fazit Mitarbeiterbefragung und Gefährdungsbeurteilung (eigene Darstellung)

2

1 Ableitung von Handlungsschwerpunkten

Nachdem die Routinedaten und die Analyseergebnisse im vorherigen Kapitel dargestellt wurden, werden nun anhand der vorliegenden Ergebnisse Handlungsschwerpunkte abgeleitet, um damit später zielgerichtete Interventionsmaßnahmen planen zu können.

AH 2 Teilaufgabe 2

Priorität 1: Schaffung gesundheitsförderlicher Arbeitsbedingungen

Begründung Handlungsschwerpunkt:

- Die Ergebnisse der Arbeitsplatzanalyse haben ergeben, dass ein signifikantes Risiko vorliegt (NoM-Wert: 2,6) und sich die Dezernate mit einigen Herausforderungen (Beleuchtung, Lärm, z. T. keine Einstellungsmöglichkeiten für Tische, Zugluft und Arbeiten in Zwangshaltung) konfrontiert sehen.
- Die Belegschaft hat bei der Mitarbeiterbefragung angegeben, sich durch zunehmende Arbeitsmengen / Aufgaben am stärksten belastet zu fühlen. Dieser Punkt wird auch als Grund für stärker wahrgenommene psychische Belastungen angesehen.
- Aus der Mitarbeiterbefragung geht hervor, dass 37 % mit ihrer Arbeit unzufrieden sind. Die Schaffung von gesundheitsförderlichen Arbeitsbedingungen kann sich auch auf die Arbeitszufriedenheit auswirken.
- Im Hinblick auf den Fachkräftemangel, welcher sich bereits in Dezernat 4 bemerkbar macht, sorgen gesundheitsförderliche Arbeitsbedingungen für eine Bindung vorhandener Fachkräfte.

Begründung Priorisierung:

- Aufgrund der vielen Belastungen, die derzeit von den Dezernaten der Stadtverwaltung Wubberberg beschrieben werden und der hohen Arbeitsunzufriedenheit muss die Schaffung von gesundheitsförderlichen Arbeitsbedingungen an erster Stelle stehen. Dadurch können bereits im Vorfeld weitere Fehlzeiten vermieden werden. Gleichzeitig verbessern gesundheitsförderliche Arbeitsbedingungen die Mitarbeitergesundheit und Arbeitsfähigkeit nachhaltig und können zu einer Reduzierung des Krankenstandes und der BEM-Fälle beitragen.

Priorität 2: Förderung der Mitarbeitergesundheit und Arbeitsfähigkeit

Begründung Handlungsschwerpunkt:

- Im Vergleich zum Vorjahr haben der Krankenstand, die Unfälle und die BEM-Fälle zugenommen. Dabei spielt auch die Überalterung, vor allem in den Dezernaten 1 und 2 eine Rolle. Mit dem Alter steigt die Zunahme von chronischen Erkrankungen, körperlichen und kognitiven Einschränkung, Stürzen und Multimorbidität (Robert Koch-Institut [RKI] 2015, S. 410 – 421).
- Aufgrund der Mitarbeiterbefragung lässt sich festhalten, dass der Gesundheitszustand unzureichend ist. Dieser wird lediglich von 29 % als positiv bewertet [sehr gut bzw. gut].
- Die Arbeitsfähigkeit wird nach dem WAI als mäßig eingestuft (WAI = 31 Punkte), weshalb die Arbeitsfähigkeit verbessert werden muss.

Begründung Priorisierung:

- Besonders im Hinblick auf den Fachkräftemangel, den demografischen Wandel und den negativ wahrgenommenen Gesundheitszustand ist es wichtig, die Mitarbeitergesundheit zu fördern und die Arbeitsfähigkeit bis ins Rentenalter sicherzustellen. Die Schaffung von gesundheitsförderlichen Arbeitsbedingungen (Handlungsschwerpunkt 1) wirkt sich bereits auf die Mitarbeitergesundheit und Arbeitsfähigkeit aus, weshalb die Förderung der Mitarbeitergesundheit und Arbeitsfähigkeit dem ersten Handlungsschwerpunkt nachgestellt wurde.

Betriebliches Gesundheitsmanagement I - BGM als Unternehmensstrategie

Abb. 3: Handlungsschwerpunkte 1 und 2 (eigene Darstellung)

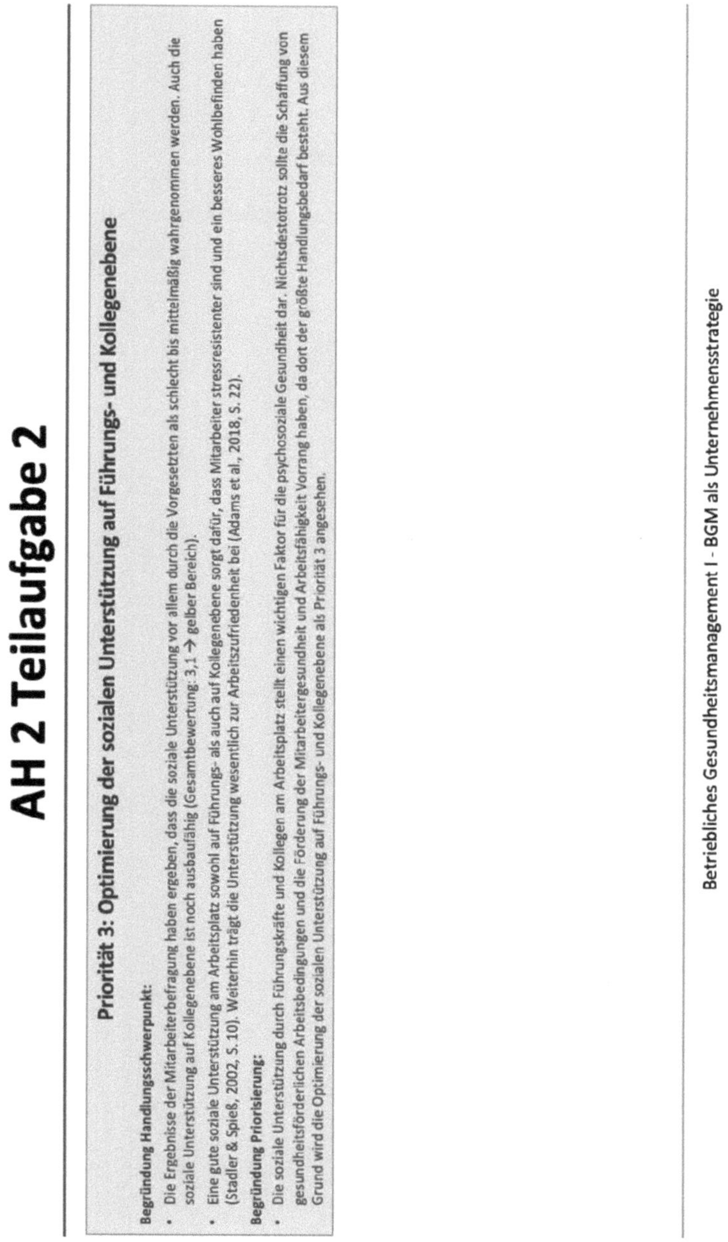

AH 2 Teilaufgabe 2

Priorität 3: Optimierung der sozialen Unterstützung auf Führungs- und Kollegenebene

Begründung Handlungsschwerpunkt:

- Die Ergebnisse der Mitarbeiterbefragung haben ergeben, dass die soziale Unterstützung vor allem durch die Vorgesetzten als schlecht bis mittelmäßig wahrgenommen werden. Auch die soziale Unterstützung auf Kollegenebene ist noch ausbaufähig (Gesamtbewertung: 3,1 → gelber Bereich).

- Eine gute soziale Unterstützung am Arbeitsplatz sowohl auf Führungs- als auch auf Kollegenebene sorgt dafür, dass Mitarbeiter stressresistenter sind und ein besseres Wohlbefinden haben (Stadler & Spieß, 2002, S. 10). Weiterhin trägt die Unterstützung wesentlich zur Arbeitszufriedenheit bei (Adams et al., 2018, S. 22).

Begründung Priorisierung:

- Die soziale Unterstützung durch Führungskräfte und Kollegen am Arbeitsplatz stellt einen wichtigen Faktor für die psychosoziale Gesundheit dar. Nichtsdestotrotz sollte die Schaffung von gesundheitsförderlichen Arbeitsbedingungen und die Förderung der Mitarbeitergesundheit und Arbeitsfähigkeit Vorrang haben, da dort der größte Handlungsbedarf besteht. Aus diesem Grund wird die Optimierung der sozialen Unterstützung auf Führungs- und Kollegenebene als Priorität 3 angesehen.

Abb. 4: Handlungsschwerpunkt 3 (eigene Darstellung)

2 Erstellung einer Interventionsplanung zur Vorlage bei der Geschäftsleitung

2.1 Initiale Interventionsmaßnahmen

In diesem Unterkapitel werden auf Grundlage der vorher abgeleiteten Handlungsschwerpunkte initiale Interventionsmaßnahmen dargestellt, welche der Unternehmensleitung vorgeschlagen werden sollen.

AH 3a Teilaufgabe 3.1 – Maßnahme 1

	Nennung
Titel der Maßnahme: Seminarprogramm „Ergonomie ist Einstellungssache"	
Bezug zum Handlungsschwerpunkt: Schaffung gesundheitsförderlicher Arbeitsbedingungen	
Zielgruppe/n	Alle Dezernate; Gleisgruppen mit bis zu 15 Teilnehmern für die theoretischen Einheiten; bei den individuellen Einheiten handelt es sich um Einzelmaßnahmen
Zielsetzung/en	• Verbesserung der Arbeitsplatzergonomie zur Reduktion von Belastungen (Verhältnisebene) • Schulung und Sensibilisierung für ergonomisches Arbeiten (Verhaltensebene) • Verbesserung des Nah-Werts auf 1,6 bei der nächsten Arbeitsplatzanalyse
Inhalte verhaltensbezogener Intervention	• Theoretische Einheiten mittels Vorträge mit Gruppenarbeiten/Übungen: - Ergonomie → Was ist Ergonomie bzw. ergonomisches Arbeiten und was gehört dazu? - Anatomie → Grundlagen zu Muskeln, Knochen, Gelenken, Bändern. Wieso ist Bewegung wichtig für unseren Körper? Aufbau und Funktionsweise der Augen und Ohren. • Individuelle Einheiten: Hörtest, Sehtest, Wirbelsäulenscreening → Erfassung des Hör-, Seh- und Bewegungsvermögens mit anschließender Auswertung und Zusammenstellung individueller Übungen (Vorführung und Einübung mit Trainer).
Inhalte verhältnisbezogener Intervention	• Ausreichende Beleuchtung sicherstellen • Anschaffung von höhenverstellbaren Schreibtischen und ergonomischer Bürostühle mit individueller Einstellung für die Mitarbeiter • Einrichtung der Arbeitsplätze nach ergonomischen Vorgaben • Einrichtung eines Ruhearbeitsraums → schallgeschützter Raum in dem keine Gespräche und Telefonate stattfinden dürfen • Bereitstellung von Gehörschutz / Noise Cancelling Kopfhörern • Anbringung von Zugluftstoppern • Erneute Arbeitsplatzanalyse nach Abschluss der vorher genannten Interventionen
Zeitdauer der Maßnahme	3 Monate → 4 theoretische Einheiten à 45 Minuten (15 Minuten davon in der Pausenzeit) alle 2 Wochen, 2 individuelle Einheiten à 60 (Untersuchung: 15 Minuten davon während der Pausenzeit) und 30 Minuten (Vorführung und Einübung). Terminierung (innerhalb der Zeitdauer.

BGM II - Methodenkompetenzen im BGM

Abb. 5: Interventionsmaßnahme 1 (eigene Darstellung)

Das Projekt „Ergonomie ist Einstellungssache" soll für alle Dezernate angeboten werden, da die Arbeitsplatzanalyse einen Handlungsbedarf in allen Dezernaten ergeben hat. In den theoretischen Einheiten wird mithilfe der Durchführung in Kleingruppen von bis zu 15 Mitarbeitern sichergestellt, dass sich jeder Teilnehmer mit den Themen auseinandersetzt. Weiterhin kann dadurch auch individuell auf die Teilnehmer eingegangen werden. Bei den Check-ups handelt es sich ausschließlich um Einzelmaßnahmen, da jeder individuell untersucht und beraten wird.

Bei der Arbeitsplatzanalyse und der Mitarbeiterbefragung hat sich gezeigt, dass die Mitarbeiter sich vor allem durch ihre Arbeitsumgebung belastet fühlen. Aus diesem Grund ist eine Zielsetzung, die Arbeitsplatzergonomie zu verbessern und dadurch die Belastungen der Mitarbeiter abzubauen. Weiterhin sollen die Mitarbeiter für ergonomisches Arbeiten sensibilisiert werden. Ergonomisches Arbeiten hat eine präventive Wirkung und kann somit berufsbedingte Erkrankungen verhindern bzw. verbessern. Die Mitarbeiter können somit ihre Gesundheit verbessern/erhalten und gleichzeitig können dadurch Ausfallzeiten reduziert werden. Die Veränderungen auf Verhältnis- und Verhaltensebene sollen sich auch bei der nächsten Arbeitsplatzanalyse zeigen, indem ein Nohl-Wert von 1,6 angestrebt wird.

Für eine Sensibilisierung zum ergonomischen Arbeiten werden Vorträge angeboten, bei denen die Teilnehmer sich die Inhalte teilweise mit Gruppenarbeiten oder Übungen selbst erarbeiten sollen. Dadurch wird ein aktives Auseinandersetzen sichergestellt und das Verständnis für die Themen gesteigert. In den Vorträgen sollen die Themen Ergonomie und Anatomie behandelt werden. Vor allem anatomische Grundlagen sind wichtig, damit die Mitarbeiter die Auswirkungen einer schlechten Arbeitsplatzergonomie verstehen. Die anschließenden Check-ups erfolgen als Einzelmaßnahmen, weil jeder Mitarbeiter untersucht und anhand seiner Ergebnisse beraten wird. Die ermittelten Daten können später zusätzlich als Vergleichswerte dienen. Anschließend erhält der Mitarbeiter eine Dokumentation der Ergebnisse mit individuellen Übungen, da jeder Mitarbeiter eine andere Ausgangssituation hat und dementsprechend einen anderen Bedarf. Die Übungen werden dem einzelnen Mitarbeiter von einem Trainer gezeigt und zusammen geübt, um eine richtige und effektive Ausführung zu gewährleisten.

Das Projekt „Ergonomie ist Einstellungssache" sieht auch verhältnisorientierte Maßnahmen vor, da eine verhaltensorientierte Ausrichtung allein nicht ausreicht. Hierbei sollen die Räume mit einer bedarfsgerechten Beleuchtung ausgestattet werden, da dies durch die Arbeitsstättenverordnung vorgeschrieben ist (§3 Abs. 1 ArbStättV). Weiterhin ist eine Anschaffung höhenverstellbarer Schreibtische vorgesehen, so dass die Mitarbeiter sich zum Arbeiten auch Hinstellen können bzw. die Tische sich an unterschiedliche Körpergrößen anpassen lassen. Passend dazu soll es ergonomische Bürostühle geben, da diese sich jeder Bewegung des Körpers anpassen und dadurch die Wirbelsäule entlastet wird. Die Büromöbel werden zusammen mit dem jeweiligen Mitarbeiter an die individuellen Gegebenheiten angepasst und es wird ihnen gezeigt, worauf sie bei der Einstellung achten sollen (z. B. Winkel zwischen Oberkörper und -schenkel). Zeitgleich sollen die Arbeitsplätze so eingerichtet werden, dass sie den gesetzlichen Vorgaben entsprechen, um Belastungen so weit wie möglich zu reduzieren und weiteren Fehlbelastungen entgegenzuwirken. Die Mitarbeiter haben außerdem zu viel Lärm als Belastung angegeben. Weiterhin sieht die Arbeitsstättenverordnung eine Reduzierung des Schalldruckpegels auf ein kleinstmögliches Niveau vor (§3 Abs. 1 ArbStättV). Aus diesem Grund ist für einen Raum ein Ausbau zum Ruhearbeitsraum vorgesehen. Dieser soll zusätzlich isoliert werden, um Schall von außerhalb nicht in den Raum zu lassen. Außerdem sind Gespräche untereinander und Telefonieren dort nicht erlaubt, um ein konzentriertes Arbeiten in ruhiger Atmosphäre zu gewährleisten. Noise Cancelling Kopfhörer ermöglichen Telefonate ohne störenden Umgebungsgeräuschen. Zusätzlich werden Gehörschutzstöpsel zur Verfügung gestellt, die die Mitarbeiter bei Bedarf nutzen können, um auch außerhalb des Ruhearbeitsraums ein konzentriertes Arbeiten sicherzustellen. Eine Anbringung von Zugluftstoppern verhindert Durchzug und Eindringen von Kälte. Die Zugluft wurde vor allem von den Dezernaten 2 und 3, welche sich in den Übergangsgebäuden befinden, als Belastung angegeben. Bauliche Maßnahmen sind in diesem Fall überflüssig, da die Dezernate nach Sanierung des Hauptgebäudes aus dem Übergangsgebäude ausgelagert werden. Anschließend soll erneut eine Arbeitsplatzanalyse durchgeführt werden, um Effekte der durchgeführten Maßnahmen nachvollziehen zu können.

Die Zeitdauer der Maßnahme beträgt insgesamt drei Monate, damit ausreichend Zeit für Umgestaltung der Arbeitsumgebung ist und das Gelernte besser verinnerlicht wird. Für die theoretischen Einheiten ist eine Dauer von 45 Minuten geplant, um möglichst viele Mitarbeiter zu einer Teilnahme anzuregen. Die Durchführung findet größtenteils während der Arbeitszeit statt, um einen weiteren Anreiz zu schaffen. Gleichzeitig soll ein Teil der Einheiten während der Pausenzeit stattfinden, damit die Kosten niedriger gehalten werden.

AH 3b Teilaufgabe 3.1 – Maßnahme 2

Titel der Maßnahme: Workshopreihe „Eat – Move – Sleep – Repeat"

Bezug zum Handlungsschwerpunkt: Förderung der Mitarbeitergesundheit und Arbeitsfähigkeit

	Nennung
Zielgruppe/n	Alle Dezernate; Kleingruppen mit bis zu 15 Mitarbeitern; bei der Ernährungsberatung und Stresswaage handelt es sich um Einzelmaßnahmen
Zielsetzung/en	• Schulung und Verbesserung eines gesundheitsförderlichen Verhaltens am Arbeitsplatz (Verhaltensebene) • Vermittlung eines gesunden Lebensstils • Verbesserung des WAI auf 41 Punkte bei der nächsten Mitarbeiterbefragung • Verbesserung des positiven Gesundheitsempfindens von 29 % auf 50 % bei der nächsten Mitarbeiterbefragung
Inhalte verhaltensbezogener Intervention	• Workshops mit Gruppenarbeiten und praktischen Einheiten: – **Ernährung →** Wie wird eine gesunde Mahlzeit gestaltet? Ermittlung des Kalorienbedarfs. Wie klappt gesunde Ernährung im Arbeitsalltag? – **Bewegung →** Auffrischung: Grundlagen zu Muskeln, Knochen, Gelenken, Bändern. Wieso ist Bewegung wichtig für unseren Körper? (s. Maßnahme 1) Wie lässt sich Bewegung im Arbeitsalltag integrieren? Praktische Einheit: bewegte Pause. – **Schlaf →** Wofür ist Schlaf wichtig? Welche Schlafphasen gibt es? Was ist die optimale Schlafdauer? Praktische Einheit: Einschlaftechniken – **Stress →** Was ist Stress? Wieso sind manche anfälliger für Stress als andere? Was ist Resilienz? Praktische Einheit: progressive Muskelentspannung • Individuelle Einheiten: Ernährungsberatung, Stresswaage → Aufdeckung von Ernährungsgewohnheiten bzw. Stressoren. Erarbeitung von individuellen Möglichkeiten zur Optimierung des Essverhaltens bzw. der Stressbewältigung
Inhalte verhältnisbezogener Intervention	• Angebot von gesunder Ernährung in Verpflegungsautomaten und Kantine • Bereitstellung von Obst einmal wöchentlich • Einrichtung eines Ruheraums mit Massagestühlen und Schlafliegen • Bereitstellung von Widerstandsbändern und Gymnastikbällen • Erneute Mitarbeiterbefragung nach Abschluss der Maßnahmen
Zeitdauer der Maßnahme	3 Monate → 6 Workshop-Einheiten à 45 Minuten (15 Minuten davon in der Pausenzeit) alle 2 Wochen, 2 individuelle Einheiten à 60 (Ernährungsberatung) und 45 Minuten (Stresswaage) (jeweils 15 Minuten in der Pausenzeit). Terminierung innerhalb der Zeitdauer.

BGM II - Methodenkompetenzen im BGM

Abb. 6: Interventionsmaßnahme 2 (eigene Darstellung)

Die Seminarreihe „Eat – Move – Sleep – Repeat" soll für alle Dezernate angeboten werden. Bei der Auswertung der Mitarbeiterbefragung wurde nicht zwischen den einzelnen Dezernaten unterschieden. Außerdem profitieren alle Mitarbeiter von einer verbesserten Gesundheit und Arbeitsfähigkeit. Die Durchführung soll in Kleingruppen von bis zu 15 Mitarbeitern erfolgen, um eine Auseinandersetzung der einzelnen Teilnehmer mit den Inhalten sicherzustellen. Bei der Ernährungsberatung und der Stresswaage handelt es sich um Einzelmaßnahmen, um besser auf individuelle Gegebenheiten eingehen zu können.

Bei der Mitarbeiterbefragung hat sich gezeigt, dass die meisten Mitarbeiter ihren Gesundheitszustand negativ oder nur als zufriedenstellend bewerten. Weiterhin ist die Arbeitsfähigkeit laut WAI als mäßig einzustufen und es gilt diese zu verbessern. Die Mitarbeiter profitieren von der Seminarreihe, da sie dadurch für ein gesundheitsförderliches Verhalten am Arbeitsplatz sensibilisiert und damit durch die Arbeit hervorgerufene Gesundheitseinschränkungen reduziert werden. Eine Verbesserung auf Verhältnis- und Verhaltensebene soll sich auch bei der nächsten Mitarbeiterbefragung zeigen, indem ein positiver Gesundheitszustand von 50 % angestrebt wird (Bewertung mit sehr gut bzw. gut). Weiterhin soll durch die Maßnahmen eine gute Arbeitsfähigkeit erreicht werden (WAI = 41 Punkte).

Damit die Mitarbeiter für gesundheitsförderliches Verhalten am Arbeitsplatz sensibilisiert werden können, müssen ihnen zunächst die notwendigen Grundlagen vermittelt werden. Dafür werden Workshops angeboten, bei denen die Teilnehmer sich die Inhalte teilweise mit Gruppenarbeiten selbst erarbeiten müssen. Zusätzlich dienen praktische Einheiten zu einer Anwendung und Vertiefung der gelernten Inhalte. Sowohl die Ernährungsberatung als auch die Stresswaage werden als Einzelmaßnahmen angeboten, um besser auf individuelle Gegebenheiten einzugehen. Weiterhin möchten einige Mitarbeiter ihre Ernährungsgewohnheiten oder Angelegenheiten, durch die sie sich gestresst fühlen, möglicherweise nicht mit den Kollegen teilen. Beide Maßnahmen dienen dazu, auf Grundlage individueller Gegebenheiten und Gewohnheiten Ideen zur Optimierung zu erarbeiten, die sich auch im Alltag des Mitarbeiters integrieren und umsetzen lassen.

Die Seminarreihe „Eat – Move – Sleep – Repeat" sieht auch verhältnisorientierte Maßnahmen vor, da eine verhaltensorientierte Ausrichtung allein nicht ausreicht. Durch verhaltensorientierte Maßnahmen können die Mitarbeiter außerdem motiviert werden, die gelernten Inhalte auch praktisch umzusetzen. Hierfür soll zunächst das Angebot in den

Verpflegungsautomaten und der Kantine umgestellt werden. Weiterhin wird einmal pro Woche frisches Obst bereitgestellt, an welchem sich die Mitarbeiter kostenfrei bedienen können. Eine gesunde und ausgewogene Ernährung ist wichtig, um leistungsfähig zu bleiben. Weiterhin trägt sie zur Stärkung der Abwehrkräfte und einem besseren Umgang mit Stress bei (Bundesministerium für Gesundheit, 2016, S. 52). Als verhältnisorientierte Maßnahme ist auch die Einrichtung eines Ruheraums mit Massagestühlen und Schlafliegen vorgesehen, damit die Mitarbeiter die Möglichkeit haben sich zu entspannen und sich von der Arbeit zu distanzieren. Bereits durch Dösen oder Tagträumen lassen sich positive Effekte feststellen, die auch durch Powernaps hervorgerufen werden. Powernaps helfen nicht nur gegen Müdigkeit, sondern steigern auch die kognitive Leistungsfähigkeit und Gedächtnisleistung, verbessern die Stimmung und wirken sich positiv auf die Stresstoleranz aus (Klösch, Hauschild & Zeitlhofer, 2020, S. 165). Die Widerstandbänder und Gymnastikbälle sollen zu einem bewegungsförderlichen Umfeld beitragen und die Mitarbeiter zu mehr Bewegung am Arbeitsplatz motivieren. Körperliche Bewegung hilft vor allem nach langem Sitzen Verspannungen im Bereich der Rückenmuskulatur zu lösen (Klösch, Hauschild & Zeitlhofer, 2020, S. 164). Anschließend soll eine erneute Mitarbeiterbefragung durchgeführt werden.

Die Zeitdauer der Maßnahme beträgt insgesamt drei Monate, damit ausreichend Zeit für eine Umsetzung der verhaltens- und verhältnisorientierten Maßnahmen ist und das Gelernte besser verinnerlicht wird. Für die Workshops mit den praktischen Einheiten ist eine kurze Dauer von 45 Minuten geplant, um möglichst viele Mitarbeiter zu einer Teilnahme anzuregen. Die Durchführung findet größtenteils während der Arbeitszeit statt, um einen weiteren Anreiz zu schaffen. Gleichzeitig soll für einen Teil der Einheiten Pausenzeit verwendet werden, um die Kosten niedriger zu halten.

2.2 Projekt- und Ressourcenplanung

Für die vorgestellten Interventionsmaßnahmen wird im Folgenden eine Ressourcen- und Projektplanung dargestellt.

AH 4 Teilaufgabe 3.2 – Projektplanung

	Zuständigkeit / beauftragte Person	Kostenposition (intern/extern)
Teilnahme Gesundheitszirkel, Freigabe von Maßnahmen und Geldern	Unternehmensleitung (Bürgermeister)	intern
Gesamtleitung, Durchführung Mitarbeiterbefragung, Gefährdungsbeurteilung, Arbeitsplatzanalyse, Auswertung, Teilnahme Gesundheitszirkel, Koordinierung aller beteiligten Akteure, Planung und Verabschiedung von Maßnahmen, Suche nach Beratern und Seminar-/Workshopleitern, Verteilung der Informationen, Zeitmanagement, Überwachung des Projektes, Evaluation	Projektleiter (BGM Beauftragter)	extern
Ermittlung Kennzahlen HR (Krankenstand, BEM-Fälle, Fluktuation), Teilnahme Gesundheitszirkel, Planung und Verabschiedung von Maßnahmen	Personalleitung	intern
Teilnahme Gesundheitszirkel und an geplanten Seminaren und Workshops, Planung und Verabschiedung von Maßnahmen, Arbeitsplatzneugestaltung	Dezernatsleiter	intern
Ermittlung Unfallstatistik, Arbeitsplatzanalyse, Gefährdungsbeurteilung, Einbringung von fachlichem Know-how, Teilnahme Gesundheitszirkel, Planung und Verabschiedung von Maßnahmen, Arbeitsplatzneugestaltung	Fachkraft für Arbeitssicherheit	intern/extern*
Arbeitsplatzanalyse, Gefährdungsbeurteilung, Einbringung von fachlichem Know-how, Teilnahme Gesundheitszirkel, Planung und Verabschiedung von Maßnahmen, Durchführung Hörtest, Sehtest, Wirbelsäulenscreening, Auswertung und Dokumentation der Untersuchungsergebnisse, Zusammenstellen individueller Übungen (Zusammen mit Dienstleister)	Betriebsarzt	intern/extern*
Schnittstelle zu den Mitarbeitern, Berichte von der Basis (vorhandene Probleme), Kontrolle/Einhaltung Datenschutz und Anonymität, Teilnahme Gesundheitszirkel, Planung und Verabschiedung von Maßnahmen	Personalrat	intern
Teilnahme Gesundheitszirkel, Berichte von der Basis (vorhandene Probleme), Einbringung der Sichtweise der Mitarbeiter	Mitarbeiter (3-4 Vertreter)	intern
Durchführen der Vorträge und praktischen Einheiten, Ernährungsberatung, Durchführung Stresswaage, Zusammenstellen individueller Übungen (nach Untersuchung durch Betriebsarzt), Vorführen und Einüben der Übungen	Dienstleister	extern

* Abhängig davon, ob die Stadtverwaltung Wupperberg über einen eigenen Betriebsarzt oder eine eigene Fachkraft für Arbeitssicherheit verfügt.

BGM II - Methodenkompetenzen im BGM

Abb. 7: Ressourcenplanung (eigene Darstellung)

AH 4 Teilaufgabe 3.2 – Projektplanung

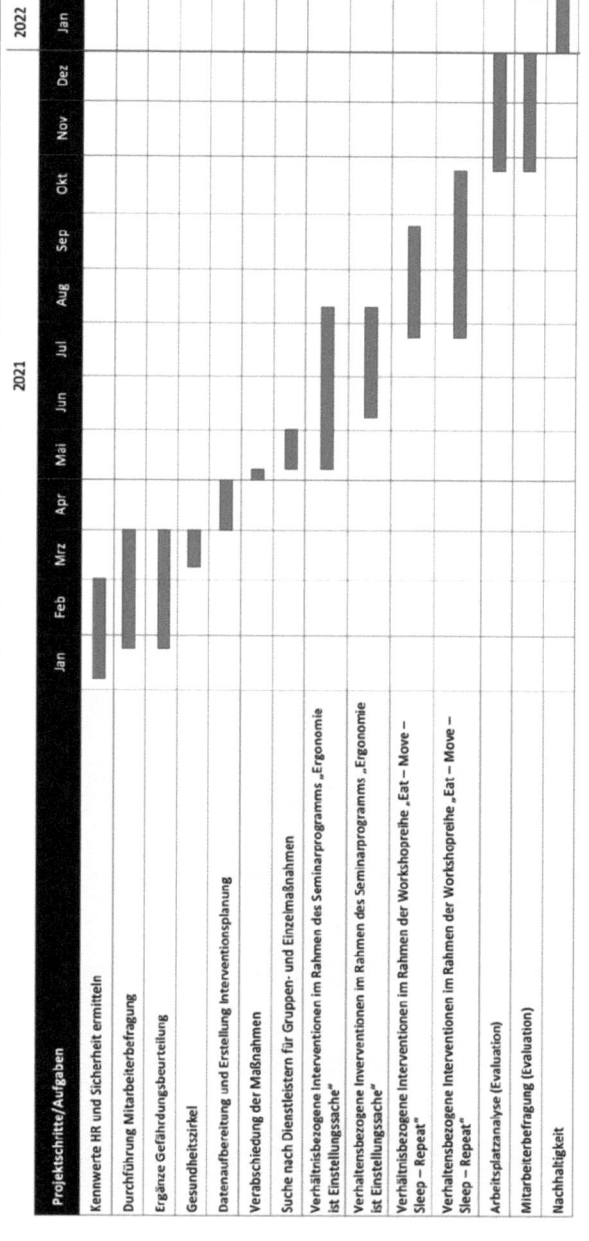

BGM II - Methodenkompetenzen im BGM

Abb. 8: Projektplanung (eigene Darstellung)

3   Diskussion und Probleme der Evaluation

Anschließend soll das BGM-Projekt evaluiert werden. In diesem Kapitel werden mögliche Optionen für eine Evaluation dargestellt. Auch werden Probleme im Zusammenhang mit der Evaluation von Maßnahmen im betrieblichen Gesundheitsmanagement genannt und kritisch diskutiert.

AH 5 Teilaufgabe 4 – Evaluation

Kurzinfo zur Evaluation:

- Evaluation beschreibt das systematische Sammeln, Analysieren und Bewerten von Informationen über Aktivitäten, Eigenschaften und Ergebnisse von Projekten, Personen und Produkten. Es kann in drei verschiedene Formen der Evaluation unterschieden werden. Demnach kann in die Evaluierung von Strukturen (Strukturevaluation), Prozessen (Prozessevaluation), Ergebnissen und Wirkungen der Maßnahmen (Ergebnisevaluation) differenziert werden (GVG Gesellschaft für Versicherungswissenschaft und -gestaltung e. V., o. J.).

Projektbezogene Möglichkeiten der Prozess-/Ergebnisevaluation

Prozessevaluation: Fragebogen Einzelmaßnahmen

- Nach Abschluss der ersten verhaltensbezogenen Maßnahme sowohl bei dem Seminarprogramm „Ergonomie ist Einstellungssache" als auch der Workshopreihe „Eat - Move - Sleep - Repeat" direkte Evaluierung nach Durchführung mit einem Fragebogen, um die Akzeptanz und Bewertung der Maßnahme sowie mögliche Verbesserungsvorschläge zu ermitteln.

Ergebnisevaluation: Arbeitsplatzanalyse

- Nach Abschluss der Maßnahmen erneute Durchführung einer Arbeitsplatzanalyse, um nochmals die Risiken für Sicherheit und Gesundheit bei der Arbeit zu erfassen. Mithilfe des Nohl-Werts kann festgestellt werden, ob die Maßnahmen den gewünschten Effekt erzielt haben.

Ergebnisevaluation: Mitarbeiterbefragung

- Nach Abschluss der Maßnahmen erneute Durchführung einer Mitarbeiterbefragung, um insbesondere eine Verbesserung der Arbeitsfähigkeit und Beurteilung des Gesundheitszustandes zu messen.

Probleme im Zusammenhang mit der Evaluation

Subjektivität von Fragebögen

- Bei der Beantwortung von Fragebögen handelt es sich lediglich um eine subjektive Einschätzung der Mitarbeiter. Das Ergebnis kann somit durch private oder betriebliche Situationen, die nicht relevant für die gesundheitliche Situation sind, beeinflusst werden. Die Beeinflussung ist dabei sowohl im positiven als auch im negativen Sinne möglich.

Zeitliche Verzögerung des Wirkungseintritts von Maßnahmen

- Der Wirkungseintritt kann je nach Maßnahme unterschiedlich und im deutlichen Abstand zu den Maßnahmen sein. Weiterhin ist der Wirkungseintritt individuell unterschiedlich und somit schwierig zu erfassen.

BGM II - Methodenkompetenzen im BGM

Abb. 9: Evaluation (eigene Darstellung)

Die Evaluation der Maßnahmen kann zu unterschiedlichen Zeitpunkten erfolgen, abhängig davon, welche Ziele mit der Evaluation verbunden sind. Soll die Akzeptanz und Bewertung der Maßnahmen gemessen werden, ist eine direkte Datenerhebung nach Beendigung der Interventionen sinnvoll (Walle, 2021).

Häufig werden die Akzeptanz und Bewertung der Maßnahmen mithilfe von Fragebögen erfasst. Hierbei sollte jedoch bedacht werden, dass es sich bei Fragebögen lediglich um eine subjektive Einschätzung der Befragten handelt und das Ergebnis durch private oder betriebliche Situationen, welche nicht im direkten Zusammenhang mit der befragten Thematik stehen, beeinflusst werden. Dabei kann es sich beispielsweise um einen abgelehnten Urlaubsantrag handeln, wodurch der Mitarbeiter verärgert ist und infolgedessen Maßnahmen schlechter bewertet. Gleiches ist auch für das private Umfeld möglich. Bei einem Sorgerechtsstreit ist der Beschäftigte vermutlich auch in einer negativeren Grundstimmung als üblich und bewertet die Maßnahmen dadurch auch wiederum schlechter. Somit lässt sich nicht eindeutig bestimmen, ob die befragte Komponente (z. B. Arbeitszufriedenheit) sich verbessert hat oder nicht. Gerade wenn betriebliche Veränderungen in zeitlicher Nähe zur Befragung stehen, ist die Wahrscheinlichkeit für eine Beeinflussung größer. Demnach wäre es sinnvoll, bei einer erneuten Befragung die gleichen internen Gegebenheiten vorzufinden, um damit zumindest die Beeinflussung durch betriebliche Situationen zu minimieren.

Eine andere Schwierigkeit im Zusammenhang mit der Evaluation ergibt sich durch die zeitliche Verzögerung des Wirkungseintritts von Maßnahmen. Eine Umstellung von Verhaltensweisen nimmt einige Zeit in Anspruch und Ergebnisse sind auch erst nach einiger Zeit spür- bzw. sichtbar. Wenn ein Beschäftigter beispielsweise jahrelang viel an seinem Arbeitsplatz gesessen und dadurch gesundheitliche Auswirkungen hat, sind die Beschwerden nicht direkt nach den durchgeführten Maßnahmen behoben. Der Körper muss sich erst an die richtige Haltung und mehr Bewegung gewöhnen. Dieser Prozess kann Monate oder Jahre dauern, je nachdem, wie schwer die gesundheitlichen Auswirkungen sind. Auch eine Veränderung des Krankenstandes ist in der Regel erst nach 2 bis 3 Jahren messbar. Damit eine Messung der gesundheitlichen Effekte möglich ist, muss für die einzelnen Maßnahmen eine Überprüfung stattfinden, wann welche Veränderungen zu erwarten sind (Walle, 2021). Eine Überprüfung des zu erwartenden Wirkungseintritt ist jedoch auch individuell unterschiedlich. So kann bei Mitarbeiter A der Wirkungseintritt nach 3 Monaten, bei Mitarbeiter B der Wirkungseintritt nach 5 Monaten erfolgen. Die zeitliche

Anordnung der Evaluation direkt nach der Projektdurchführung ist somit zwar möglich, allerdings sollte bedacht werden, dass hierbei weniger die Effektivität, als vielmehr die Akzeptanz und Bewertung der Maßnahmen bestimmt wird.

Zusammenfassend lässt sich sagen, dass eine Evaluation durchaus sinnvoll ist, um Entscheidungen für eine Weiterführung und -entwicklung eines BGM zu treffen. Die Qualität der Evaluation steht in Abhängigkeit zu der Qualität der erhobenen Daten. Gerade bei Befragungen kann der Einfluss von Störfaktoren jedoch nicht ausgeschlossen werden. Auch durch die zeitliche Verzögerung des Wirkungseintritts kann die Zielerreichung des Projekts nichts genau gemessen werden.

4   Literaturverzeichnis

Adams, J., Claus, A., Claus, M., Schöne, K., Rose, D.-M. & Sammito, S. (2018). Soziale Unterstützung und Arbeitszufriedenheit. Unterschiede zwischen verschiedenen Tätigkeitsbereichen. *Prävention und Gesundheitsförderung, 13* (1), 18-23.

Bundesagentur für Arbeit. (25. November, 2020). Fluktuationskoeffizient der sozialversicherungspflichtigen Beschäftigung in Deutschland nach Wirtschaftszweigen im Jahr 2019 [Graph]. In *Statista.* Zugriff am 29. Januar 2022, von https://de.statista.com/statistik/daten/studie/664592/umfrage/fluktuationskoeffizient-der-sozialversicherungspflichtigen-beschaeftigung-in-deutschland-nach-wirtschaftszweigen/

Bundesministerium für Gesundheit (Hrsg.). (2016). *Ratgeber zur Prävention und Gesundheitsförderung* (9. aktualisierte Auflage). Berlin: Hrsg.

Deutsche Gesetzliche Unfallversicherung [DGUV]. (20. Oktober, 2021). Anzahl der gemeldeten Arbeitsunfälle je 1.000 Vollarbeiter in Deutschland in den Jahren 1986 bis 2020 [Graph]. In *Statista.* Zugriff am 29. Januar 2022, von https://de.statista.com/statistik/daten/studie/696218/umfrage/gemeldete-arbeitsunfaelle-je-1000-vollarbeiter-in-deutschland/

GVG Gesellschaft für Versicherungswissenschaft und -gestaltung e. V. (o. J.). *Glossar Gesundheitsziele.* Zugriff am 12.02.2022. Verfügbar unter https://gesundheitsziele.de/gz_glossar&b=E&__cms_object=138

Klösch, G., Hauschild, P. & Zeitlhofer, J. (2020). *Ermüdung und Arbeitsfähigkeit. Ursachen der Ermüdung und Strategien zur Optimierung der Vigilanz.* Berlin: Springer Gabler.

Nohl, J. (1989). *Verfahren zur Sicherheitsanalyse. Eine prospektive Methode zur Analyse und Bewertung von Gefährdungen.* Wiesbaden: Springer Gabler.

Robert Koch-Institut [RKI] (Hrsg.). (2015). Wie gesund sind die älteren Menschen? In RKI (Hrsg.), *Gesundheit in Deutschland. Gesundheitsberichterstattung des Bundes. Gemeinsam getragen von RKI und Destatis* (S. 406 – 432). Berlin: Hrsg.

Roelen, C. A. M., Heymans, M. W., Twisk, J. W. R., van der Klink, J. J. L., Groothoff, J. W. & van Rhenen, W. (2014). Work ability index as tool identify workers risk of premature work exit. *J Occup Rehabil, 24,* 747-754.

Stadler, P. & Spieß, E. (2002). *Schriftenreihe der Bundesanstalt für Arbeitsschutz und Arbeitsmedizin. Mitarbeiterorientiertes Führen und soziale Unterstützung am Arbeitsplatz.* Dortmund: Bundesanstalt für Arbeitsschutz und Arbeitsmedizin.

Walle, O. (2021). *Betriebliches Gesundheitsmanagement: Einführung in 6 Phasen*. Zugriff am 12.02.2022. Verfügbar unter https://www.haufe.de/arbeitsschutz/gesundheit-umwelt/die-6-phasen-zur-einfuehrung-eines-bgm_94_282458.html

WIdO, & Axel Springer. (1. Oktober, 2020). Krankenstand in Deutschland nach Branchen in den Jahren 2017 bis 2019 [Graph]. In *Statista*. Zugriff am 29. Januar 2022, von https://de.statista.com/statistik/daten/studie/492328/umfrage/krankenstand-der-aok-mitglieder-in-deutschland-nach-branchen/

5 Abbildungsverzeichnis

5.1 Abbildungsverzeichnis